目錄

掃一掃聽有聲經典

大學

音頻二維碼

第一章

大學之道。在明明德。在親民。在止於至善。知止而後有定。定而後能靜。靜而後能安。安而後能慮。慮而後能得。物有本末。事有終始。知所先後。則近道矣。

古之欲明明德於天下者。先治其國。欲治其國者。先齊其家。欲齊其家者。先修其身。欲修其身者。先正其心。欲正其心者。先誠其意。欲誠其意者。先致其知。致知在格物。

物格而後知至。知至而後意誠。意誠而後心正。心正而後身修。身修而後家齊。家齊而後國治。國治而後天下平。

自天子以至於庶人。壹是皆以修身爲本。其本亂。而末治者否矣。其所厚者薄。而其所薄者厚。未之有也。

第二章　康誥曰。克明德。大甲曰。顧諟天之明命。帝典曰。克明峻德。皆自明也。

第三章　湯之盤銘曰。苟日新。日日新。又

日新。康誥曰。作新民。詩曰。周雖舊邦。其命惟新。
是故君子無所不用其極。
第四章 詩云。邦畿千里。惟民所止。詩云。
緡蠻黃鳥。止於丘隅。子曰。於止。知其所止。可
以人而不如鳥乎。詩云。穆穆文王。於緝熙敬
止。爲人君。止於仁。爲人臣。止於敬。爲人子。止
於孝。爲人父。止於慈。與國人交。止於信。
詩云。瞻彼淇澳。菉竹猗猗。有斐君子。如
切如磋。如琢如磨。瑟兮僩兮。赫兮喧兮。有斐

君子終不可諠兮如切如磋者道學也如琢如磨者自修也瑟兮僩兮者恂慄也赫兮喧兮者威儀也有斐君子終不可諠兮者道盛德至善民之不能忘也

詩云於戲前王不忘君子賢其賢而親其親小人樂其樂而利其利此以沒世不忘也

第五章

子曰聽訟吾猶人也必也使無訟乎無情者不得盡其辭大畏民志此謂知本

第六章

此謂知本所謂致知在格物者

言欲致吾之知。在即物而窮其理也。蓋人心之靈莫不有知。而天下之物莫不有理。惟於理有未窮。故其知有不盡也。是以。大學始教。必使學者即凡天下之物。莫不因其已知之理而益窮之。以求至乎其極。至於用力之久。而一旦豁然貫通焉。則衆物之表裏精粗無不到。而吾心之全體大用無不明矣。此謂物格。此謂知之至也。

第七章

所謂誠其意者。毋自欺也。如惡

惡臭。如好好色。此之謂自謙。故君子必慎其獨也。小人間居爲不善。無所不至。見君子而後厭然。掩其不善。而著其善。人之視己。如見其肺肝然。則何益矣。此謂誠於中。形於外。故君子必慎其獨也。曾子曰。十目所視。十手所指。其嚴乎。富潤屋。德潤身。心廣體胖。故君子必誠其意。

第八章　所謂修身在正其心者。身有所忿懥。則不得其正。有所恐懼。則不得其正。有所好樂。則不得其正。有所憂患則不得其正。心不在焉。視而不見。聽而不聞。食而不知其味。此謂修身在正其心。

第九章

所謂齊其家在修其身者。人之其所親愛而辟焉。之其所賤惡而辟焉。之其所畏敬而辟焉。之其所哀矜而辟焉。之其所敖惰而辟焉。故好而知其惡。惡而知其美者。天下鮮矣。故諺有之曰。人莫知其子之惡。莫知其苗之碩。此謂身不修不可以齊其家。

第十章　所謂治國必齊其家者．其家不可教而能教人者．無之．故君子不出家而成教於國．孝者．所以事君也．弟者．所以事長也．慈者．所以使衆也．康誥曰．如保赤子．心誠求之．雖不中不遠矣．未有學養子而後嫁者也．一家仁．一國興仁．一家讓．一國興讓．一人貪戾．一國作亂．其機如此．此謂一言僨事．一人定國．堯舜帥天下以仁．而民從之．桀紂帥天下以暴．而民從之．其所令反其所好．而民不從．是故君子有諸己而後求諸人．無諸己而後非諸人．所藏乎身不恕．而能喻諸人者．未之有也．故治國在齊其家．

詩云．桃之夭夭．其葉蓁蓁．之子於歸．宜其家人．宜其家人．而後可以教國人．詩云．宜兄宜弟．宜兄宜弟．而後可以教國人．詩云．其儀不忒．正是四國．其爲父子兄弟足法．而後民法之也．此謂治國在齊其家．

第十一章 所謂平天下在治其國者．上

老老而民興孝．上長長而民興弟．上恤孤而民不倍．是以君子有絜矩之道也．所惡於上．毋以使下．所惡於下．毋以事上．所惡於前．毋以先後．所惡於後．毋以從前．所惡於右．毋以交於左．所惡於左．毋以交於右．此之謂絜矩之道．

詩云．樂祇君子．民之父母．民之所好好之．民之所惡惡之．此之謂民之父母．詩云．節彼南山．維石岩岩．赫赫師尹．民具爾瞻．有國者不可以不慎．辟則爲天下僇矣．詩云．殷之未

喪師克配上帝儀監於殷峻命不易道得衆
則得國失衆則失國是故君子先慎乎德有德
此有人有人此有土有土此有財有財此有用德
者本也財者末也外本內末爭民施奪是故
財聚則民散財散則民聚是故言悖而出者亦
悖而入貨悖而入者亦悖而出
康誥曰唯命不於常道善則得之不善
則失之矣楚書曰楚國無以爲寶惟善以爲寶
舅犯曰亡人無以爲寶仁親以爲寶秦誓曰若

有一個臣、斷斷兮無他技、其心休休焉、其如
有容焉、人之有技、若己有之、人之彥聖、其心
好之、不啻若自其口出、實能容之、以能保我
子孫黎民、尚亦有利哉、人之有技、媢疾以惡
之、人之彥聖、而違之俾不通、實不能容、以不
能保我子孫黎民、亦曰殆哉、唯仁人放流之、迸
諸四夷、不與同中國、此謂唯仁人爲能愛人、能
惡人、見賢而不能舉、舉而不能先、命也、見不
善而不能退、退而不能遠、過也、好人之所惡、惡

人之所好。是謂拂人之性。灾必逮夫身。
是故君子有大道。必忠信以得之。驕泰以失之。生財有大道。生之者衆。食之者寡。爲之者疾。用之者舒。則財恒足矣。仁者以財發身。不仁者以身發財。未有上好仁而下不好義者也。未有好義其事不終者也。未有府庫財非其財者也。孟獻子曰。畜馬乘不察於鷄豚。伐冰之家。不畜牛羊。百乘之家。不畜聚斂之臣。與其有聚斂之臣。寧有盜臣。此謂國不以利爲利。以義爲利也。長國家而務財用者，必自小人矣。彼爲善之。小人之使爲國家，灾害并至。雖有善者，亦無如之何矣。此謂國不以利爲利，以義爲利也。

音頻二維碼

大學

第一章

大學之道．在明明德．在親民．在止於至善．知止而後有定．定而後能靜．靜而後能安．安而後能慮．慮而後能得．物有本末．事有終始．知所先後．則近道矣．

古之欲明明德於天下者．先治其國．欲治其國者．先齊其家．欲齊其家者．先修其身．欲修其身者．先正其心．欲正其心者．先誠其意．欲誠其意者．先致其知．致知在格物．

物格而後知至。知至而後意誠。意誠而後心正。心正而後身修。身修而後家齊。家齊而後國治。國治而後天下平。

自天子以至於庶人。壹是皆以修身爲本。其本亂而末治者否矣。其所厚者薄。而其所薄者厚。未之有也。

第二章　康誥曰。克明德。大甲曰。顧諟天之明命。帝典曰。克明峻德。皆自明也。

第三章　湯之盤銘曰。苟日新。日日新。又

日新康誥曰作新民詩曰周雖舊邦其命惟新
是故君子無所不用其極

第四章

詩云邦畿千里惟民所止詩云
緡蠻黄鳥止於丘隅子曰於止知其所止可
以人而不如鳥乎詩云穆穆文王於緝熙敬
止爲人君止於仁爲人臣止於敬爲人子止
於孝爲人父止於慈與國人交止於信
詩云瞻彼淇澳菉竹猗猗有斐君子如
切如磋如琢如磨瑟兮僩兮赫兮喧兮有斐

君子。終不可諠兮。如切如磋者。道學也。如琢如磨者。自修也。瑟兮僩兮者。恂慄也。赫兮喧兮者。威儀也。有斐君子。終不可諠兮者。道盛德至善。民之不能忘也。

詩云。於戲。前王不忘。君子賢其賢而親其親。小人樂其樂而利其利。此以沒世不忘也。

第五章 子曰。聽訟。吾猶人也。必也使無訟乎。無情者不得盡其辭。大畏民志。此謂知本。

第六章 此謂知本。所謂致知在格物者。

言欲致吾之知。在即物而窮其理也。蓋人心之
靈莫不有知。而天下之物莫不有理。惟於理有
未窮。故其知有不盡也。是以大學始教。必使
學者即凡天下之物。莫不因其已知之理而益
窮之。以求至乎其極。至於用力之久。而一旦
豁然貫通焉。則衆物之表裏精粗無不到。而吾
心之全體大用無不明矣。此謂物格。此謂知之
至也。

第七章 所謂誠其意者。毋自欺也。如惡

惡臭。如好好色。此之謂自謙。故君子必慎其獨也。小人閒居爲不善。無所不至。見君子而後厭然。揜其不善。而著其善。人之視己。如見其肺肝然。則何益矣。此謂誠於中。形於外。故君子必慎其獨也。曾子曰。十目所視。十手所指。其嚴乎。富潤屋。德潤身。心廣體胖。故君子必誠其意。

第八章

所謂修身在正其心者。身有所忿懥。則不得其正。有所恐懼。則不得其正。有

所好樂。則不得其正。有所憂患。則不得其正。心
不在焉。視而不見。聽而不聞。食而不知其味。此
謂修身在正其心。

第九章　所謂齊其家在修其身者。人之
其所親愛而辟焉。之其所賤惡而辟焉。之其所
畏敬而辟焉。之其所哀矜而辟焉。之其所敖惰
而辟焉。故好而知其惡。惡而知其美者。天下
鮮矣。故諺有之曰。人莫知其子之惡。莫知其
苗之碩。此謂身不修不可以齊其家。

第十章 所謂治國必齊其家者。其家不可教而能教人者。無之。故君子不出家而成教於國。孝者。所以事君也。弟者。所以事長也。慈者。所以使衆也。康誥曰。如保赤子。心誠求之。雖不中不遠矣。未有學養子而後嫁者也。一家仁。一國興仁。一家讓。一國興讓。一人貪戾。一國作亂。其機如此。此謂一言僨事。一人定國。堯舜帥天下以仁。而民從之。桀紂帥天下以暴。而民從之。其所令反其所好。而民不從。是故君子有諸己而後求諸人。無諸己而後非諸人。所藏乎身不恕。而能喻諸人者。未之有也。故治國在齊其家。

詩云。桃之夭夭。其葉蓁蓁。之子於歸。宜其家人。宜其家人。而後可以教國人。詩云。宜兄宜弟。宜兄宜弟。而後可以教國人。詩云。其儀不忒。正是四國。其爲父子兄弟足法。而後民法之也。此謂治國在齊其家。

第十一章　所謂平天下在治其國者。上

老老而民興孝，上長長而民興弟，上恤孤而民不倍。是以君子有絜矩之道也。所惡於上，毋以使下；所惡於下，毋以事上；所惡於前，毋以先後；所惡於後，毋以從前；所惡於右，毋以交於左；所惡於左，毋以交於右。此之謂絜矩之道。

詩云：樂只君子，民之父母。民之所好好之，民之所惡惡之，此之謂民之父母。詩云：節彼南山，維石岩岩。赫赫師尹，民具爾瞻。有國者不可以不慎，辟則爲天下僇矣。詩云：殷之未喪師克配上帝儀監於殷峻命不易道得衆則得國失衆則失國是故君子先慎乎德有德此有人有人此有土有土此有財有財此有用德者本也財者末也外本内末爭民施奪是故財聚則民散財散則民聚是故言悖而出者亦悖而入貨悖而入者亦悖而出

康誥曰唯命不於常道善則得之不善則失之矣楚書曰楚國無以爲寶惟善以爲寶舅犯曰亡人無以爲寶仁親以爲寶秦誓曰若

有一個臣斷斷兮無他技其心休休焉其如
有容焉人之有技若己有之人之彥聖其心
好之不啻若自其口出實能容之以能保我
子孫黎民尚亦有利哉人之有技媢疾以惡
之人之彥聖而違之俾不通實不能容以不
能保我子孫黎民亦曰殆哉唯仁人放流之迸
諸四夷不與同中國此謂唯仁人爲能愛人能
惡人見賢而不能舉舉而不能先命也見不
善而不能退退而不能遠過也好人之所惡惡

人之所好。是謂拂人之性。災必逮夫身。

是故君子有大道。必忠信以得之。驕泰以

失之。生財有大道。生之者衆。食之者寡。爲之

者疾。用之者舒。則財恒足矣。仁者以財發身。不

仁者以身發財。未有上好仁而下不好義者

也。未有好義其事不終者也。未有府庫財非其

財者也。孟獻子曰。畜馬乘不察於鷄豚。伐冰之

家。不畜牛羊。百乘之家。不畜聚斂之臣。與其

有聚斂之臣。寧有盜臣。此謂國不以利爲利。以

義爲利也。長國家而務財用者，必自小人矣。彼爲善之，小人之使爲國家，災害并至，雖有善者，亦無如之何矣。此謂國不以利爲利，以義爲利也。

大學

第一章　大學之道。在明明德。在親民。在止於至善。知止而後有定。定而後能靜。靜而後能安。安而後能慮。慮而後能得。物有本末。事有終始。知所先後。則近道矣。

古之欲明明德於天下者。先治其國。欲治其國者。先齊其家。欲齊其家者。先修其身。欲修其身者。先正其心。欲正其心者。先誠其意。欲誠其意者。先致其知。致知在格物。

物格而後知至。知至而後意誠。意誠而後

心正。心正而後身修。身修而後家齊。家齊而

後國治。國治而後天下平。

自天子以至於庶人。壹是皆以修身爲

本。其本亂。而末治者否矣。其所厚者薄。而其

所薄者厚。未之有也。

第二章　康誥曰。克明德。大甲曰。顧諟天

之明命。帝典曰。克明峻德。皆自明也。

第三章　湯之盤銘曰。苟日新。日日新。又

日新。康誥曰。作新民。詩曰。周雖舊邦。其命惟新。
是故君子無所不用其極。
第四章 詩云。邦畿千里。惟民所止。詩云。
緡蠻黃鳥。止於丘隅。子曰。於止。知其所止。可
以人而不如鳥乎。詩云。穆穆文王。於緝熙敬
止。爲人君。止於仁。爲人臣。止於敬。爲人子。止
於孝。爲人父。止於慈。與國人交。止於信。
詩云。瞻彼淇澳。菉竹猗猗。有斐君子。如
切如磋。如琢如磨。瑟兮僩兮。赫兮喧兮。有斐

君子終不可諠兮。如切如磋者。道學也。如琢如磨者。自修也。瑟兮僩兮者。恂慄也。赫兮喧兮者。威儀也。有斐君子。終不可諠兮者。道盛德至善。民之不能忘也。

詩云。於戲前王不忘。君子賢其賢而親其親。小人樂其樂而利其利。此以沒世不忘也。

第五章

子曰。聽訟。吾猶人也。必也使無訟乎。無情者不得盡其辭。大畏民志。此謂知本。

第六章

此謂知本。所謂致知在格物者。

言欲致吾之知在即物而窮其理也蓋人心之靈莫不有知而天下之物莫不有理惟於理有未窮故其知有不盡也是以大學始教必使學者即凡天下之物莫不因其已知之理而益窮之以求至乎其極至於用力之久而一旦豁然貫通焉則衆物之表裏精粗無不到而吾心之全體大用無不明矣此謂物格此謂知之至也

第七章

所謂誠其意者毋自欺也如惡

惡臭。如好好色。此之謂自謙。故君子必慎其
獨也。小人間居爲不善。無所不至。見君子而後
厭然。掩其不善。而著其善。人之視己。如見其
肺肝然。則何益矣。此謂誠於中。形於外。故君
子必慎其獨也。曾子曰。十目所視。十手所指。其
嚴乎。富潤屋。德潤身。心廣體胖。故君子必誠
其意。

第八章　所謂修身在正其心者。身有所
忿懥。則不得其正。有所恐懼。則不得其正。有

所好樂。則不得其正。有所憂患。則不得其正。心不在焉。視而不見。聽而不聞。食而不知其味。此謂修身在正其心。

第九章

所謂齊其家在修其身者。人之其所親愛而辟焉。之其所賤惡而辟焉。之其所畏敬而辟焉。之其所哀矜而辟焉。之其所敖惰而辟焉。故好而知其惡。惡而知其美者。天下鮮矣。故諺有之曰。人莫知其子之惡。莫知其苗之碩。此謂身不修不可以齊其家。

第十章 所謂治國必齊其家者其家
不可教而能教人者無之故君子不出家而
成教於國孝者所以事君也弟者所以事長
也慈者所以使衆也康誥曰如保赤子心誠
求之雖不中不遠矣未有學養子而後嫁者
也一家仁一國興仁一家讓一國興讓一人
貪戾一國作亂其機如此此謂一言僨事一
人定國堯舜帥天下以仁而民從之桀紂帥
天下以暴而民從之其所令反其所好而民

不從。是故君子有諸己而後求諸人。無諸己而後非諸人。所藏乎身不恕。而能喻諸人者。未之有也。故治國在齊其家。

詩云。桃之夭夭。其葉蓁蓁。之子於歸。宜其家人。宜其家人。而後可以教國人。詩云。宜兄宜弟。宜兄宜弟。而後可以教國人。詩云。其儀不忒。正是四國。其爲父子兄弟足法。而後民法之也。此謂治國在齊其家。

第十一章

所謂平天下在治其國者。上

老老而民興孝上長長而民興弟上恤孤而民
不倍是以君子有絜矩之道也所惡於上毋以
使下所惡於下毋以事上所惡於前毋以先後
所惡於後毋以從前所惡於右毋以交於左所
惡於左毋以交於右此之謂絜矩之道
詩云樂祇君子民之父母民之所好好
之民之所惡惡之此之謂民之父母詩云節
彼南山維石岩岩赫赫師尹民具爾瞻有國
者不可以不慎辟則爲天下僇矣詩云殷之未

喪師克配上帝儀監於殷峻命不易道得衆
則得國失衆則失國是故君子先慎乎德有德
此有人有人此有土有土此有財有財此有用德
者本也財者末也外本內末爭民施奪是故
財聚則民散財散則民聚是故言悖而出者亦
悖而入貨悖而入者亦悖而出
康誥曰唯命不於常道善則得之不善
則失之矣楚書曰楚國無以爲寶惟善以爲寶
舅犯曰亡人無以爲寶仁親以爲寶秦誓曰若

有一個臣，斷斷兮無他技，其心休休焉，其如有容焉。人之有技，若己有之；人之彥聖，其心好之，不啻若自其口出。實能容之，以能保我子孫黎民，尚亦有利哉。人之有技，媢疾以惡之；人之彥聖，而違之俾不通。實不能容，以不能保我子孫黎民，亦曰殆哉。唯仁人放流之，迸諸四夷，不與同中國。此謂唯仁人爲能愛人，能惡人。見賢而不能舉，舉而不能先，命也；見不善而不能退，退而不能遠，過也。好人之所惡，惡人之所好。是謂拂人之性。災必逮夫身。
是故君子有大道。必忠信以得之。驕泰以
失之。生財有大道。生之者衆。食之者寡。爲之
者疾。用之者舒。則財恒足矣。仁者以財發身。不
仁者以身發財。未有上好仁而下不好義者
也。未有好義其事不終者也。未有府庫財非其
財者也。孟獻子曰。畜馬乘不察於雞豚。伐冰之
家。不畜牛羊。百乘之家。不畜聚斂之臣。與其
有聚斂之臣。寧有盜臣。此謂國不以利爲利。以

義爲利也。長國家而務財用者，必自小人矣。彼爲善之，小人之使爲國家，災害并至。雖有善者，亦無如之何矣。此謂國不以利爲利，以義爲利也。

音頻二維碼

中庸

第一章　天命之謂性。率性之謂道。修道之謂教。道也者。不可須臾離也。可離非道也。是故君子戒慎乎其所不睹。恐懼乎其所不聞。莫見乎隱。莫顯乎微。故君子慎其獨也。喜怒哀樂之未發。謂之中。發而皆中節。謂之和。中也者。天下之大本也。和也者。天下之達道也。致中和。天地位焉。萬物育焉。

第二章　仲尼曰。君子中庸。小人反中

庸。君子之中庸也。君子而時中。小人之中庸也。小人而無忌憚也。

第三章　子曰。中庸其至矣乎。民鮮能久矣。

第四章　子曰。道之不行也。我知之矣。知者過之。愚者不及也。道之不明也。我知之矣。賢者過之。不肖者不及也。人莫不飲食也。鮮能知味也。

第五章　子曰。道其不行矣夫。

第六章　子曰。舜其大知也與。舜好問而

好察邇言。隱惡而揚善。執其兩端。用其中於民。其斯以爲舜乎。

第七章　子曰。人皆曰予知。驅而納諸罟擭陷阱之中。而莫之知辟也。人皆曰予知。擇乎中庸而不能期月守也。

第八章　子曰。回之爲人也。擇乎中庸。得一善則拳拳服膺而弗失之矣。

第九章　子曰。天下國家可均也。爵禄可辭也。白刃可蹈也。中庸不可能也。

第十章　子路問强。子曰：南方之强與？北方之强與？抑而强與？寬柔以教，不報無道，南方之强也，君子居之。衽金革，死而不厭，北方之强也，而强者居之。故君子和而不流，强哉矯！中立而不倚，强哉矯！國有道，不變塞焉，强哉矯！國無道，至死不變，强哉矯。

第十一章　子曰：素隱行怪，後世有述焉，吾弗爲之矣。君子遵道而行，半途而廢，吾弗能已矣。君子依乎中庸，遁世不見知而不悔。唯聖者能之。

第十二章

君子之道費而隱。夫婦之愚。可以與知焉。及其至也。雖聖人亦有所不知焉。夫婦之不肖。可以能行焉。及其至也。雖聖人亦有所不能焉。天地之大也。人猶有所憾。故君子語大。天下莫能載焉。語小。天下莫能破焉。詩云。鳶飛戾天。魚躍於淵。言其上下察也。君子之道。造端乎夫婦。及其至也。察乎天地。

第十三章

子曰．道不遠人．人之爲道而遠人．不可以爲道．詩云．伐柯伐柯．其則不遠．執柯以伐柯．睨而視之．猶以爲遠．故君子以人治人．改而止．忠恕違道不遠．施諸己而不願．亦勿施於人．君子之道四．丘未能一焉．所求乎子以事父．未能也．所求乎臣以事君．未能也．所求乎弟以事兄．未能也．所求乎朋友先施之．未能也．庸德之行．庸言之謹．有所不足．不敢不勉．有餘不敢盡．言顧行．行顧言．君子胡不慥慥爾．

第十四章

君子素其位而行，不願乎其外。素富貴，行乎富貴；素貧賤，行乎貧賤；素夷狄，行乎夷狄；素患難，行乎患難。君子無入而不自得焉。在上位，不陵下；在下位，不援上。正己而不求於人，則無怨。上不怨天，下不尤人。故君子居易以俟命，小人行險以僥幸。子曰：射有似乎君子，失諸正鵠，反求諸其身。

第十五章

君子之道，辟如行遠必自邇，辟如登高必自卑。詩曰：妻子好合，如鼓瑟琴。兄弟既翕。和樂且耽。宜爾室家。樂爾妻帑。子曰。父母其順矣乎。

第十六章　子曰。鬼神之爲德。其盛矣乎。視之而弗見。聽之而弗聞。體物而不可遺。使天下之人。齊明盛服。以承祭祀。洋洋乎。如在其上。如在其左右。詩曰。神之格思。不可度思。矧可射思。夫微之顯。誠之不可揜如此夫。

第十七章　子曰。舜其大孝也與。德爲聖人。尊爲天子。富有四海之内。宗廟饗之。子孫保之。故大德必得其位。必得其祿。必得其名。必得其壽。故天之生物。必因其材而篤焉。故栽者培之。傾者覆之。詩曰。嘉樂君子。憲憲令德。宜民宜人。受祿於天。保佑命之。自天申之。故大德者必受命。

第十八章　子曰。無憂者其惟文王乎。以王季爲父。以武王爲子。父作之。子述之。武王纘大王。王季。文王之緒。壹戎衣而有天下。身不失天下之顯名。尊爲天子。富有四海之內。宗

廟饗之子孫保之武王末受命周公成文武
之德追王大王王季上祀先公以天子之禮斯
禮也達乎諸侯大夫及士庶人父爲大夫子
爲士葬以大夫祭以士父爲士子爲大夫葬
以士祭以大夫期之喪達乎大夫三年之喪達
乎天子父母之喪無貴賤一也

第十九章　子曰武王周公其達孝矣
乎夫孝者善繼人之志善述人之事者也春
秋修其祖廟陳其宗器設其裳衣薦其時食宗

廟之禮，所以序昭穆也。序爵，所以辨貴賤也。序
事，所以辨賢也。旅酬下爲上，所以逮賤也。燕毛，所
以序齒也。踐其位，行其禮，奏其樂，敬其所尊，愛
其所親，事死如事生，事亡如事存，孝之至也。郊
社之禮，所以事上帝也。宗廟之禮，所以祀乎
其先也。明乎郊社之禮，禘嘗之義，治國其如
示諸掌乎。

第二十章　哀公問政。子曰：文武之政，布
在方策。其人存，則其政舉；其人亡，則其政息。人

道敏政。地道敏樹。夫政也者。蒲盧也。故爲政在人。取人以身。修身以道。修道以仁。仁者。人也。親親爲大。義者。宜也。尊賢爲大。親親之殺。尊賢之等。禮所生也。在下位不獲乎上。民不可得而治矣。故君子不可以不修身。思修身。不可以不事親。思事親。不可以不知人。思知人。不可以不知天。

天下之達道五。所以行之者三。曰君臣也。父子也。夫婦也。昆弟也。朋友之交也。五者。天下之達道也。知。仁。勇三者。天下之達德也。所以行之者一也。或生而知之。或學而知之。或困而知之。及其知之一也。或安而行之。或利而行之。或勉强而行之。及其成功一也。子曰。好學近乎知。力行近乎仁。知耻近乎勇。知斯三者。則知所以修身。知所以修身。則知所以治人。知所以治人。則知天下國家矣。

凡爲天下國家有九經。曰。修身也。尊賢也。親親也。敬大臣也。體群臣也。子庶民也。來百工也，柔遠人也，懷諸侯也。修身則道立，尊賢則不惑，親親則諸父昆弟不怨，敬大臣則不眩，體群臣則士之報禮重，子庶民則百姓勸，來百工則財用足，柔遠人則四方歸之，懷諸侯則天下畏之。

齊明盛服，非禮不動，所以修身也；去讒遠色，賤貨而貴德，所以勸賢也；尊其位，重其禄，同其好惡，所以勸親親也；官盛任使，所以勸大臣也；忠信重禄，所以勸士也；時使薄斂，所以勸百姓也。日省月試。既廩稱事。所以勸百工也。送往迎來。嘉善而矜不能。所以柔遠人也。繼絕世。舉廢國。治亂持危。朝聘以時。厚往而薄來。所以懷諸侯也。

凡爲天下國家有九經。所以行之者一也。凡事豫則立。不豫則廢。言前定則不跲。事前定則不困。行前定則不疚。道前定則不窮。

在下位不獲乎上。民不可得而治矣。獲乎上有道。不信乎朋友。不獲乎上矣。信乎朋友有道。不順乎親。不信乎朋友矣。順乎親有道。反諸身不誠。不順乎親矣。誠身有道。不明乎善。不誠乎身矣。

誠者。天之道也。誠之者。人之道也。誠者不勉而中。不思而得。從容中道。聖人也。誠之者擇善而固執之者也。博學之。審問之。慎思之。明辨之。篤行之。有弗學。學之弗能弗措也。有弗問。問之弗知弗措也。有弗思。思之弗得弗措也。有弗辨。辨之弗明弗措也。有弗行。行之弗

篤弗措也。人一能之己百之。人十能之己千
之。果能此道矣。雖愚必明。雖柔必强。
第二十一章　自誠明。謂之性。自明誠。謂
之教。誠則明矣。明則誠矣。
第二十二章　唯天下至誠。爲能盡其
性。能盡其性。則能盡人之性。能盡人之性。則
能盡物之性。能盡物之性。則可以贊天地之化
育。可以贊天地之化育。則可以與天地參矣。
第二十三章　其次致曲。曲能有誠。誠則

形。形則著。著則明。明則動。動則變。變則化。唯天下至誠爲能化。

第二十四章　至誠之道。可以前知。國家將興。必有禎祥。國家將亡。必有妖孽。見乎蓍龜。動乎四體。禍福將至。善。必先知之。不善。必先知之。故至誠如神。

第二十五章　誠者自成也。而道自道也。誠者物之終始。不誠無物。是故君子誠之爲貴。誠者非自成己而已也。所以成物也。成己。

仁也。成物知也。性之德也。合外内之道也。故時措之宜也。

第二十六章

故至誠無息。不息則久。久則征。征則悠遠。悠遠則博厚。博厚則高明。博厚所以載物也。高明所以覆物也。悠久所以成物也。博厚配地。高明配天。悠久無疆。如此者不見而章。不動而變。無爲而成。

天地之道。可一言而盡也。其爲物不貳。則其生物不測。天地之道。博也。厚也。高也。明也。悠

也．久也．今夫天．斯昭昭之多．及其無窮也．日月星辰繫焉．萬物覆焉．今夫地．一撮土之多．及其廣厚．載華岳而不重．振河海而不泄．萬物載焉．今夫山．一卷石之多．及其廣大．草木生之．禽獸居之．寶藏興焉．今夫水．一勺之多．及其不測．黿鼉蛟龍魚鱉生焉．貨財殖焉．

詩云．維天之命．於穆不已．蓋曰天之所以爲天也．於乎不顯．文王之德之純．蓋曰文王之所以爲文也．純亦不已．

第二十七章　大哉聖人之道。洋洋乎。發育萬物。峻極於天。優優大哉。禮儀三百。威儀三千。待其人而後行。故曰苟不至德。至道不凝焉。故君子尊德性而道問學。致廣大而盡精微。極高明而道中庸。溫故而知新。敦厚以崇禮。是故居上不驕。爲下不倍。國有道其言足以興。國無道其默足以容。詩曰既明且哲。以保其身。其此之謂與。

第二十八章　子曰。愚而好自用。賤而好

自專生乎今之世反古之道如此者灾及其
身者也非天子不議禮不制度不考文今天
下車同軌書同文行同倫雖有其位苟無其
德不敢作禮樂焉雖有其德苟無其位亦不
敢作禮樂焉子曰吾說夏禮杞不足征也吾
學殷禮有宋存焉吾學周禮今用之吾從周

第二十九章　王天下有三重焉其寡過
矣乎上焉者雖善無征無征不信不信民弗
從下焉者雖善不尊不尊不信不信民弗從

故君子之道。本諸身。征諸庶民。考諸三王而不繆。建諸天地而不悖。質諸鬼神而無疑。百世以俟聖人而不惑。質諸鬼神而無疑。知天也。百世以俟聖人而不惑。知人也。是故君子動而世爲天下道。行而世爲天下法。言而世爲天下則。遠之則有望。近之則不厭。

詩曰。在彼無惡。在此無射。庶幾夙夜。以永終譽。君子未有不如此而蚤有譽於天下者也。

第三十章　仲尼祖述堯舜．憲章文武．上律天時．下襲水土．辟如天地之無不持載．無不覆幬．辟如四時之錯行．如日月之代明．萬物并育而不相害．道并行而不相悖．小德川流．大德敦化．此天地之所以爲大也．

第三十一章　唯天下至聖．爲能聰明睿知．足以有臨也．寬裕温柔．足以有容也．發强剛毅．足以有執也．齊莊中正．足以有敬也．文理密察．足以有別也．溥博淵泉．而時出之．溥

溥如天。淵泉如淵。見而民莫不敬。言而民莫
不信。行而民莫不說。是以聲名洋溢乎中國。施
及蠻貊。舟車所至。人力所通。天之所覆。地之
所載。日月所照。霜露所隊。凡有血氣者。莫不
尊親。故曰配天。

第三十二章　唯天下至誠。爲能經綸天
下之大經。立天下之大本。知天地之化育。夫
焉有所倚。肫肫其仁。淵淵其淵。浩浩其天。苟
不固聰明聖知達天德者。其孰能知之。

第三十三章　詩曰，衣錦尚絅，惡其文之著也。故君子之道，暗然而日章；小人之道，的然而日亡。君子之道，淡而不厭，簡而文，溫而理，知遠之近，知風之自，知微之顯，可與入德矣。

詩云：潛雖伏矣，亦孔之昭。故君子內省不疚，無惡於志。君子之所不可及者，其唯人之所不見乎。

詩云：相在爾室，尚不愧於屋漏。故君子不動而敬，不言而信。

詩曰。奏假無言。時靡有爭。是故君子不
賞而民勸。不怒而民威於鈇鉞。
詩曰。不顯惟德。百辟其刑之。是故君子
篤恭而天下平。
詩云。予懷明德。不大聲以色。子曰。聲色
之於以化民。末也。
詩曰。德輶如毛。毛猶有倫。上天之載。無
聲無臭。至矣。

音頻二維碼

中庸

第一章　天命之謂性，率性之謂道，修道之謂教。道也者，不可須臾離也，可離非道也。是故君子戒慎乎其所不睹，恐懼乎其所不聞。莫見乎隱，莫顯乎微，故君子慎其獨也。喜怒哀樂之未發，謂之中；發而皆中節，謂之和。中也者，天下之大本也；和也者，天下之達道也。致中和，天地位焉，萬物育焉。

第二章　仲尼曰：君子中庸，小人反中

庸。君子之中庸也。君子而時中。小人之中庸

也。小人而無忌憚也。

第三章　子曰。中庸其至矣乎。民鮮能久矣。

第四章　子曰。道之不行也。我知之矣。知

者過之。愚者不及也。道之不明也。我知之矣。賢

者過之。不肖者不及也。人莫不飲食也。鮮能

知味也。

第五章　子曰。道其不行矣夫。

第六章　子曰。舜其大知也與。舜好問而

好察邇言．隱惡而揚善．執其兩端．用其中於民．其斯以爲舜乎．

第七章　子曰．人皆曰予知．驅而納諸罟擭陷阱之中．而莫之知辟也．人皆曰予知．擇乎中庸而不能期月守也．

第八章　子曰．回之爲人也．擇乎中庸．得一善則拳拳服膺而弗失之矣．

第九章　子曰．天下國家可均也．爵祿可辭也．白刃可蹈也．中庸不可能也．

第十章　子路問强子曰南方之强與北
方之强與抑而强與寬柔以教不報無道南
方之强也君子居之衽金革死而不厭北方
之强也而强者居之故君子和而不流强哉
矯中立而不倚强哉矯國有道不變塞焉强
哉矯國無道至死不變强哉矯

第十一章　子曰素隱行怪後世有述
焉吾弗爲之矣君子遵道而行半途而廢吾
弗能已矣君子依乎中庸遁世不見知而不

悔。唯聖者能之。

第十二章

君子之道費而隱。夫婦之愚。可以與知焉。及其至也。雖聖人亦有所不知焉。夫婦之不肖。可以能行焉。及其至也。雖聖人亦有所不能焉。天地之大也。人猶有所憾。故君子語大。天下莫能載焉。語小。天下莫能破焉。詩云。鳶飛戾天。魚躍於淵。言其上下察也。

君子之道。造端乎夫婦。及其至也。察乎天地。

第十三章　子曰。道不遠人。人之爲道而遠人。不可以爲道。詩云。伐柯伐柯。其則不遠。執柯以伐柯。睨而視之。猶以爲遠。故君子以人治人。改而止。忠恕違道不遠。施諸己而不願。亦勿施於人。君子之道四。丘未能一焉。所求乎子以事父。未能也。所求乎臣以事君。未能也。所求乎弟以事兄。未能也。所求乎朋友先施之。未能也。庸德之行。庸言之謹。有所不足。不敢不勉。有餘不敢盡。言顧行。行顧言。君子胡不慥慥爾。

第十四章　君子素其位而行不願乎其
外素富貴行乎富貴素貧賤行乎貧賤素
夷狄行乎夷狄素患難行乎患難君子無
入而不自得焉在上位不陵下在下位不援
上正己而不求於人則無怨上不怨天下不
尤人故君子居易以俟命小人行險以僥幸子
曰射有似乎君子失諸正鵠反求諸其身

第十五章　君子之道辟如行遠必自
邇辟如登高必自卑詩曰妻子好合如鼓瑟

琴兄弟既翕和樂且耽宜爾室家樂爾妻帑子曰父母其順矣乎

第十六章 子曰鬼神之爲德其盛矣乎視之而弗見聽之而弗聞體物而不可遺使天下之人齊明盛服以承祭祀洋洋乎如在其上如在其左右詩曰神之格思不可度思矧可射思夫微之顯誠之不可揜如此夫

第十七章 子曰舜其大孝也與德爲聖人尊爲天子富有四海之内宗廟饗之子孫

保之．故大德必得其位．必得其祿．必得其名．必得其壽．故天之生物．必因其材而篤焉．故栽者培之．傾者覆之．詩曰．嘉樂君子．憲憲令德．宜民宜人．受祿於天．保佑命之．自天申之．故大德者必受命．

第十八章　子曰．無憂者其惟文王乎．以王季爲父．以武王爲子．父作之．子述之．武王纘大王．王季．文王之緒．壹戎衣而有天下．身不失天下之顯名．尊爲天子．富有四海之內．宗

廟饗之子孫保之武王末受命周公成文武
之德追王大王王季上祀先公以天子之禮斯
禮也達乎諸侯大夫及士庶人父爲大夫子
爲士葬以大夫祭以士父爲士子爲大夫葬
以士祭以大夫期之喪達乎大夫三年之喪達
乎天子父母之喪無貴賤一也

第十九章　子曰武王周公其達孝矣
乎夫孝者善繼人之志善述人之事者也春
秋修其祖廟陳其宗器設其裳衣薦其時食宗

廟之禮。所以序昭穆也。序爵。所以辨貴賤也。序事。所以辨賢也。旅酬下爲上。所以逮賤也。燕毛。所以序齒也。踐其位。行其禮。奏其樂。敬其所尊。愛其所親。事死如事生。事亡如事存。孝之至也。郊社之禮。所以事上帝也。宗廟之禮。所以祀乎其先也。明乎郊社之禮。禘嘗之義。治國其如示諸掌乎。

第二十章　哀公問政。子曰。文武之政。布在方策。其人存。則其政舉。其人亡。則其政息。人道敏政。地道敏樹。夫政也者。蒲盧也。故爲政在人。取人以身。修身以道。修道以仁。仁者。人也。親親爲大。義者。宜也。尊賢爲大。親親之殺。尊賢之等。禮所生也。在下位不獲乎上。民不可得而治矣。故君子不可以不修身。思修身。不可以不事親。思事親。不可以不知人。思知人。不可以不知天。

天下之達道五。所以行之者三。曰君臣也。父子也。夫婦也。昆弟也。朋友之交也。五者天下之達道也。知、仁、勇三者，天下之達德也。所以行之者一也。或生而知之，或學而知之，或困而知之，及其知之一也。或安而行之，或利而行之，或勉强而行之，及其成功一也。子曰：好學近乎知，力行近乎仁，知耻近乎勇。知斯三者，則知所以修身；知所以修身，則知所以治人；知所以治人，則知所以治天下國家矣。

凡爲天下國家有九經，曰：修身也，尊賢也，親親也，敬大臣也，體群臣也，子庶民也，來百工也。柔遠人也。懷諸侯也。修身則道立。尊賢則不惑。親親則諸父昆弟不怨。敬大臣則不眩。體群臣則士之報禮重。子庶民則百姓勸。來百工則財用足。柔遠人則四方歸之。懷諸侯則天下畏之。

齊明盛服。非禮不動。所以修身也。去讒遠色。賤貨而貴德。所以勸賢也。尊其位。重其祿。同其好惡。所以勸親親也。官盛任使。所以勸大臣也。忠信重祿。所以勸士也。時使薄斂。所以

勸百姓也。日省月試，既廩稱事，所以勸百工
也。送往迎來，嘉善而矜不能，所以柔遠人也。繼
絶世，舉廢國，治亂持危，朝聘以時，厚往而薄
來，所以懷諸侯也。
凡爲天下國家有九經，所以行之者一
也。凡事豫則立，不豫則廢。言前定則不跲，事前
定則不困，行前定則不疚，道前定則不窮。
在下位不獲乎上，民不可得而治矣。獲乎
上有道，不信乎朋友，不獲乎上矣。信乎朋友

有道。不順乎親。不信乎朋友矣。順乎親有道。反
諸身不誠。不順乎親矣。誠身有道。不明乎善。不
誠乎身矣。
誠者。天之道也。誠之者。人之道也。誠者。不
勉而中。不思而得。從容中道。聖人也。誠之者。擇
善而固執之者也。博學之。審問之。慎思之。明
辨之。篤行之。有弗學。學之弗能。弗措也。有弗
問。問之弗知。弗措也。有弗思。思之弗得。弗措
也。有弗辨。辨之弗明。弗措也。有弗行。行之弗

篤弗措也。人一能之。己百之。人十能之。己千
之。果能此道矣。雖愚必明。雖柔必强。

第二十一章　自誠明。謂之性。自明誠。謂
之教。誠則明矣。明則誠矣。

第二十二章　唯天下至誠。爲能盡其
性。能盡其性。則能盡人之性。能盡人之性。則
能盡物之性。能盡物之性。則可以贊天地之化
育。可以贊天地之化育。則可以與天地參矣。

第二十三章　其次致曲。曲能有誠。誠則

形。形則著。著則明。明則動。動則變。變則化。唯天下至誠爲能化。

第二十四章

至誠之道。可以前知。國家將興。必有禎祥。國家將亡。必有妖孽。見乎蓍龜。動乎四體。禍福將至。善。必先知之。不善。必先知之。故至誠如神。

第二十五章

誠者自成也。而道自道也。誠者物之終始。不誠無物。是故君子誠之爲貴。誠者非自成己而已也。所以成物也。成己仁也。成物。知也。性之德也。合外内之道也。故時措之宜也。

第二十六章

故至誠無息。不息則久。久則征。征則悠遠。悠遠則博厚。博厚則高明。博厚。所以載物也。高明。所以覆物也。悠久。所以成物也。博厚配地。高明配天。悠久無疆。如此者。不見而章。不動而變。無爲而成。

天地之道。可一言而盡也。其爲物不貳。則其生物不測。天地之道。博也。厚也。高也。明也。悠

也。久也。今夫天。斯昭昭之多。及其無窮也。日月星辰繫焉。萬物覆焉。今夫地。一撮土之多。及其廣厚。載華岳而不重。振河海而不泄。萬物載焉。今夫山。一卷石之多。及其廣大。草木生之。禽獸居之。寶藏興焉。今夫水。一勺之多。及其不測。黿鼉蛟龍魚鱉生焉。貨財殖焉。

詩云。維天之命。於穆不已。蓋曰天之所以爲天也。於乎不顯。文王之德之純。蓋曰文王之所以爲文也。純亦不已。

第二十七章　大哉聖人之道。洋洋乎。發
育萬物。峻極於天。優優大哉。禮儀三百。威儀
三千。待其人而後行。故曰苟不至德。至道不
凝焉。故君子尊德性而道問學。致廣大而盡
精微。極高明而道中庸。温故而知新。敦厚以
崇禮。是故居上不驕。爲下不倍。國有道其言
足以興。國無道其默足以容。詩曰。既明且哲。以
保其身。其此之謂與。

第二十八章　子曰。愚而好自用。賤而好

自專生乎今之世反古之道如此者灾及其
身者也非天子不議禮不制度不考文今天
下車同軌書同文行同倫雖有其位苟無其
德不敢作禮樂焉雖有其德苟無其位亦不
敢作禮樂焉子曰吾説夏禮杞不足征也吾
學殷禮有宋存焉吾學周禮今用之吾從周

第二十九章

王天下有三重焉其寡過
矣乎上焉者雖善無征無征不信不信民弗
從下焉者雖善不尊不尊不信不信民弗從

故君子之道。本諸身。征諸庶民。考諸三王而不繆。建諸天地而不悖。質諸鬼神而無疑。百世以俟聖人而不惑。質諸鬼神而無疑。知天也。百世以俟聖人而不惑。知人也。是故君子動而世爲天下道。行而世爲天下法。言而世爲天下則。遠之則有望。近之則不厭。

詩曰。在彼無惡。在此無射。庶幾夙夜。以永終譽。君子未有不如此而蚤有譽於天下者也。

第三十章　仲尼祖述堯舜。憲章文武。上律天時。下襲水土。辟如天地之無不持載。無不覆幬。辟如四時之錯行。如日月之代明。萬物并育而不相害。道并行而不相悖。小德川流。大德敦化。此天地之所以爲大也。

第三十一章　唯天下至聖。爲能聰明睿知。足以有臨也。寬裕温柔。足以有容也。發强剛毅。足以有執也。齊莊中正。足以有敬也。文理密察。足以有别也。溥博淵泉。而時出之。溥博如天。淵泉如淵。見而民莫不敬。言而民莫不信。行而民莫不説。是以聲名洋溢乎中國。施及蠻貊。舟車所至。人力所通。天之所覆。地之所載。日月所照。霜露所隊。凡有血氣者。莫不尊親。故曰配天。

第三十二章

唯天下至誠。爲能經綸天下之大經。立天下之大本。知天地之化育。夫焉有所倚。肫肫其仁。淵淵其淵。浩浩其天。苟不固聰明聖知達天德者。其孰能知之。

第三十三章

詩曰。衣錦尚絅。惡其文之著也。故君子之道。闇然而日章。小人之道。的然而日亡。君子之道。淡而不厭。簡而文。温而理。知遠之近。知風之自。知微之顯。可與入德矣。

詩云。潛雖伏矣。亦孔之昭。故君子内省不疚。無惡於志。君子之所不可及者。其唯人之所不見乎。

詩云。相在爾室。尚不愧於屋漏。故君子不動而敬。不言而信。

詩曰。奏假無言。時靡有爭。是故君子不賞而民勸。不怒而民威於鈇鉞。詩曰。不顯惟德。百辟其刑之。是故君子篤恭而天下平。詩云。予懷明德。不大聲以色。子曰。聲色之於以化民。末也。詩曰。德輶如毛。毛猶有倫。上天之載。無聲無臭。至矣。

音頻二維碼

中庸

第一章 天命之謂性。率性之謂道。修道之謂教。道也者。不可須臾離也。可離非道也。是故君子戒慎乎其所不睹。恐懼乎其所不聞。莫見乎隱。莫顯乎微。故君子慎其獨也。喜怒哀樂之未發。謂之中。發而皆中節。謂之和。中也者。天下之大本也。和也者。天下之達道也。致中和。天地位焉。萬物育焉。

第二章 仲尼曰 君子中庸。小人反中

庸．君子之中庸也．君子而時中．小人之中庸
也．小人而無忌憚也．

第三章　子曰．中庸其至矣乎．民鮮能久矣．

第四章　子曰．道之不行也．我知之矣．知者過之．愚者不及也．道之不明也．我知之矣．賢者過之．不肖者不及也．人莫不飲食也．鮮能知味也．

第五章　子曰．道其不行矣夫．

第六章　子曰．舜其大知也與．舜好問而

好察邇言。隱惡而揚善。執其兩端。用其中於
民。其斯以爲舜乎。
第七章　子曰。人皆曰予知。驅而納諸罟
擭陷阱之中。而莫之知辟也。人皆曰予知。擇乎
中庸而不能期月守也。
第八章　子曰。回之爲人也。擇乎中庸。得
一善。則拳拳服膺而弗失之矣。
第九章　子曰。天下國家可均也。爵祿可
辭也。白刃可蹈也。中庸不可能也。

第十章　子路問强。子曰。南方之强與。北方之强與。抑而强與。寬柔以教。不報無道。南方之强也。君子居之。衽金革。死而不厭。北方之强也。而强者居之。故君子和而不流。强哉矯。中立而不倚。强哉矯。國有道。不變塞焉。强哉矯。國無道。至死不變。强哉矯。

第十一章　子曰。素隱行怪。後世有述焉。吾弗爲之矣。君子遵道而行。半途而廢。吾弗能已矣。君子依乎中庸。遁世不見知而不悔。唯聖者能之。

第十二章

君子之道費而隱。夫婦之愚。可以與知焉。及其至也。雖聖人亦有所不知焉。夫婦之不肖。可以能行焉。及其至也。雖聖人亦有所不能焉。天地之大也。人猶有所憾。故君子語大。天下莫能載焉。語小。天下莫能破焉。詩云。鳶飛戾天。魚躍於淵。言其上下察也。

君子之道。造端乎夫婦。及其至也。察乎天地。

第十三章　子曰。道不遠人。人之爲道而遠人。不可以爲道。詩云。伐柯伐柯。其則不遠。執柯以伐柯。睨而視之。猶以爲遠。故君子以人治人。改而止。忠恕違道不遠。施諸己而不願。亦勿施於人。君子之道四。丘未能一焉。所求乎子以事父。未能也。所求乎臣以事君。未能也。所求乎弟以事兄。未能也。所求乎朋友先施之。未能也。庸德之行。庸言之謹。有所不足。不敢不勉。有餘不敢盡。言顧行。行顧言。君子胡不慥慥爾。

第十四章　君子素其位而行，不願乎其外。素富貴，行乎富貴；素貧賤，行乎貧賤；素夷狄，行乎夷狄；素患難，行乎患難。君子無入而不自得焉。在上位，不陵下；在下位，不援上。正己而不求於人，則無怨。上不怨天，下不尤人。故君子居易以俟命，小人行險以僥幸。子曰：射有似乎君子。失諸正鵠，反求諸其身。

第十五章　君子之道，辟如行遠必自邇，辟如登高必自卑。詩曰：妻子好合，如鼓瑟

琴兄弟既翕和樂且耽宜爾室家樂爾妻帑子曰父母其順矣乎

第十六章 子曰鬼神之爲德其盛矣乎視之而弗見聽之而弗聞體物而不可遺使天下之人齊明盛服以承祭祀洋洋乎如在其上如在其左右詩曰神之格思不可度思矧可射思夫微之顯誠之不可揜如此夫

第十七章 子曰舜其大孝也與德爲聖人尊爲天子富有四海之內宗廟饗之子孫

保之。故大德必得其位。必得其祿。必得其名。必得其壽。故天之生物。必因其材而篤焉。故栽者培之。傾者覆之。詩曰。嘉樂君子。憲憲令德。宜民宜人。受祿於天。保佑命之。自天申之。故大德者必受命。

第十八章

子曰。無憂者其惟文王乎。以王季爲父。以武王爲子。父作之。子述之。武王纘大王。王季。文王之緒。壹戎衣而有天下。身不失天下之顯名。尊爲天子。富有四海之內。宗廟饗之子孫保之武王末受命周公成文武之德追王大王王季上祀先公以天子之禮斯禮也達乎諸侯大夫及士庶人父爲大夫子爲士葬以大夫祭以士父爲士子爲大夫葬以士祭以大夫期之喪達乎大夫三年之喪達乎天子父母之喪無貴賤一也

第十九章　子曰武王周公其達孝矣乎夫孝者善繼人之志善述人之事者也春秋修其祖廟陳其宗器設其裳衣薦其時食宗

廟之禮。所以序昭穆也。序爵。所以辨貴賤也。序事。所以辨賢也。旅酬下爲上。所以逮賤也。燕毛。所以序齒也。踐其位。行其禮。奏其樂。敬其所尊。愛其所親。事死如事生。事亡如事存。孝之至也。郊社之禮。所以事上帝也。宗廟之禮。所以祀乎其先也。明乎郊社之禮。禘嘗之義。治國其如示諸掌乎。

第二十章 哀公問政。子曰。文武之政。布在方策。其人存。則其政舉。其人亡。則其政息。人道敏政。地道敏樹。夫政也者。蒲盧也。故爲政在人。取人以身。修身以道。修道以仁。仁者。人也。親親爲大。義者宜也。尊賢爲大。親親之殺。尊賢之等。禮所生也。在下位不獲乎上。民不可得而治矣。故君子不可以不修身。思修身。不可以不事親。思事親。不可以不知人。思知人。不可以不知天。

天下之達道五。所以行之者三。曰君臣也。父子也。夫婦也。昆弟也。朋友之交也。五者天下之達道也。知。仁。勇三者天下之達德也。所以行之者一也。或生而知之。或學而知之。或困而知之。及其知之一也。或安而行之。或利而行之。或勉强而行之。及其成功一也。子曰。好學近乎知。力行近乎仁。知耻近乎勇。知斯三者。則知所以修身。知所以修身。則知所以治人。知所以治人。則知所以治天下國家矣。

凡爲天下國家有九經。曰。修身也。尊賢也。親親也。敬大臣也。體群臣也。子庶民也。來百工也。柔遠人也。懷諸侯也。修身則道立。尊賢則不惑。親親則諸父昆弟不怨。敬大臣則不眩。體群臣則士之報禮重。子庶民則百姓勸。來百工則財用足。柔遠人則四方歸之。懷諸侯則天下畏之。

齊明盛服。非禮不動。所以修身也。去讒遠色。賤貨而貴德。所以勸賢也。尊其位。重其祿。同其好惡。所以勸親親也。官盛任使。所以勸大臣也。忠信重祿。所以勸士也。時使薄斂。所以勸百姓也。日省月試。既廩稱事。所以勸百工也。送往迎來。嘉善而矜不能。所以柔遠人也。繼絕世。舉廢國。治亂持危。朝聘以時。厚往而薄來。所以懷諸侯也。

凡爲天下國家有九經。所以行之者一也。凡事豫則立。不豫則廢。言前定則不跲。事前定則不困。行前定則不疚。道前定則不窮。

在下位不獲乎上。民不可得而治矣。獲乎上有道。不信乎朋友。不獲乎上矣。信乎朋友有道。不順乎親。不信乎朋友矣。順乎親有道。反諸身不誠。不順乎親矣。誠身有道。不明乎善。不誠乎身矣。

誠者。天之道也。誠之者。人之道也。誠者。不勉而中。不思而得。從容中道。聖人也。誠之者。擇善而固執之者也。博學之。審問之。慎思之。明辨之。篤行之。有弗學。學之弗能弗措也。有弗問。問之弗知弗措也。有弗思。思之弗得弗措也。有弗辨。辨之弗明弗措也。有弗行。行之弗

篤弗措也。人一能之。己百之。人十能之。己千
之。果能此道矣。雖愚必明。雖柔必強。

第二十一章

自誠明。謂之性。自明誠。謂之教。誠則明矣。明則誠矣。

第二十二章

唯天下至誠。爲能盡其性。能盡其性。則能盡人之性。能盡人之性。則能盡物之性。能盡物之性。則可以贊天地之化育。可以贊天地之化育。則可以與天地參矣。

第二十三章

其次致曲。曲能有誠。誠則

形。形則著。著則明。明則動。動則變。變則化。唯天下至誠爲能化。

第二十四章

至誠之道。可以前知。國家將興。必有禎祥。國家將亡。必有妖孽。見乎蓍龜。動乎四體。禍福將至。善。必先知之。不善。必先知之。故至誠如神。

第二十五章

誠者自成也。而道自道也。誠者物之終始。不誠無物。是故君子誠之爲貴。誠者。非自成己而已也。所以成物也。成己

仁也。成物。知也。性之德也。合外内之道也。故
時措之宜也。

第二十六章

故至誠無息。不息則久。久則征。征則悠遠。悠遠則博厚。博厚則高明。博厚。所以載物也。高明。所以覆物也。悠久。所以成物也。博厚配地。高明配天。悠久無疆。如此者。不見而章。不動而變。無爲而成。

天地之道。可一言而盡也。其爲物不貳。則其生物不測。天地之道。博也。厚也。高也。明也。悠

也久也今夫天斯昭昭之多及其無窮也日月星辰繫焉萬物覆焉今夫地一撮土之多及其廣厚載華岳而不重振河海而不泄萬物載焉今夫山一卷石之多及其廣大草木生之禽獸居之寶藏興焉今夫水一勺之多及其不測黿鼉蛟龍魚鱉生焉貨財殖焉

詩云維天之命於穆不已蓋曰天之所以爲天也於乎不顯文王之德之純蓋曰文王之所以爲文也純亦不已

第二十七章　大哉聖人之道。洋洋乎。發育萬物。峻極於天。優優大哉。禮儀三百。威儀三千。待其人而後行。故曰苟不至德。至道不凝焉。故君子尊德性而道問學。致廣大而盡精微。極高明而道中庸。溫故而知新。敦厚以崇禮。是故居上不驕。爲下不倍。國有道其言足以興。國無道其默足以容。詩曰。既明且哲。以保其身。其此之謂與。

第二十八章　子曰。愚而好自用。賤而好

自專。生乎今之世。反古之道。如此者。灾及其
身者也。非天子。不議禮。不制度。不考文。今天
下車同軌。書同文。行同倫。雖有其位。苟無其
德。不敢作禮樂焉。雖有其德。苟無其位。亦不
敢作禮樂焉。子曰。吾説夏禮。杞不足征也。吾
學殷禮。有宋存焉。吾學周禮。今用之。吾從周。

第二十九章　王天下有三重焉。其寡過
矣乎。上焉者。雖善無征。無征不信。不信民弗
從。下焉者。雖善不尊。不尊不信。不信民弗從。

故君子之道。本諸身。征諸庶民。考諸三王而不繆。建諸天地而不悖。質諸鬼神而無疑。百世以俟聖人而不惑。質諸鬼神而無疑。知天也。百世以俟聖人而不惑。知人也。是故君子動而世爲天下道。行而世爲天下法。言而世爲天下則。遠之則有望。近之則不厭。

詩曰。在彼無惡。在此無射。庶幾夙夜。以永終譽。君子未有不如此而蚤有譽於天下者也。

第三十章　仲尼祖述堯舜，憲章文武，上律天時，下襲水土。辟如天地之無不持載，無不覆幬，辟如四時之錯行，如日月之代明，萬物并育而不相害，道并行而不相悖。小德川流，大德敦化，此天地之所以爲大也。

第三十一章　唯天下至聖，爲能聰明睿知，足以有臨也；寬裕温柔，足以有容也；發强剛毅，足以有執也；齊莊中正，足以有敬也；文理密察，足以有别也。溥博淵泉，而時出之。溥博如天。淵泉如淵。見而民莫不敬。言而民莫不信。行而民莫不説。是以聲名洋溢乎中國。施及蠻貊。舟車所至。人力所通。天之所覆。地之所載。日月所照。霜露所隊。凡有血氣者。莫不尊親。故曰配天。

第三十二章　唯天下至誠。爲能經綸天下之大經。立天下之大本。知天地之化育。夫焉有所倚。肫肫其仁。淵淵其淵。浩浩其天。苟不固聰明聖知達天德者。其孰能知之。

第三十三章

詩曰．衣錦尚絅．惡其文之著也．故君子之道．暗然而日章．小人之道．的然而日亡．君子之道．淡而不厭．簡而文．溫而理．知遠之近．知風之自．知微之顯．可與入德矣．

詩云．潛雖伏矣．亦孔之昭．故君子內省不疚．無惡於志．君子之所不可及者．其唯人之所不見乎．

詩云．相在爾室．尚不愧於屋漏．故君子不動而敬．不言而信．

詩曰。奏假無言。時靡有爭。是故君子不賞而民勸。不怒而民威於鈇鉞。

詩曰。不顯惟德。百辟其刑之。是故君子篤恭而天下平。

詩云。予懷明德。不大聲以色。子曰。聲色之於以化民。末也。

詩曰。德輶如毛。毛猶有倫。上天之載。無聲無臭。至矣。

圖書在版編目（CIP）數據

大學　中庸 / 北京華夏文化藝術研究院選編．-- 北京：文物出版社，2020.6（2021.6 重印）
（華夏傳統文化經典系列）
ISBN 978-7-5010-6696-4

Ⅰ．①大… Ⅱ．①北… Ⅲ．①儒家②《大學》－青少年讀物③《中庸》－青少年讀物 Ⅳ．① B222.1-49

中國版本圖書館 CIP 數據核字（2020）第 089111 號

華夏傳統文化經典系列：大學　中庸

選　　編：北京華夏文化藝術研究院

策　　劃：北京華夏文化藝術研究院
責任編輯：劉永海
責任印製：蘇　林
封面設計：石　冰　鐘尊朝

出版發行：文物出版社
地　　址：北京市東城區東直門内北小街 2 號樓
郵　　編：100007
網　　址：http://www.wenwu.com
經　　銷：新華書店
印　　刷：三河市華東印刷有限公司
開　　本：710mm × 1000mm　1/16
印　　張：8.5
版　　次：2020 年 6 月第 1 版
印　　次：2021 年 6 月第 2 次印刷
書　　號：ISBN 978-7-5010-6696-4
定　　價：358.00 元（全十册）